Unser Hamburg

D1985314

BUCHER

Eine kleine Zeitreise

Hamburg

Rund um Hauptbahnhof und Rathaus

Nicht weit entfernt von Hamburgs Ursprüngen am Standort der karolingischen »Hammaburg« entstand ab 1899 der Hauptbahnhof. Beim Ausgang Richtung St. Georg kommt man zunächst am Deutschen Schauspielhaus (1909) vorbei. Richtung Rathaus folgt die Mönckebergstraße, die 1909 mit ihren Kontorhäusern die Gänge und Höfe des Altstadtquartiers verdrängte.

Hauptbahnhof

Am 6.12.1906 als Zentralbahnhof eingeweiht, löste der Hauptbahnhof vier Richtungsbahnhöfe ab (Berliner, Hannoveraner, Lübecker und Altonaer Bahnhof), auf die sich der Hamburger Bahnverkehr zuvor verteilt hatte. Die Aufnahme um 1910 erinnert an einen Schlossbau.

Hansa-Brunnen

Der Hansa-Brunnen, 1878 enthüllt, sollte auf die große Zeit des Städtebundes der Hanse und damit der Bedeutung des Seehandels für Hamburg verweisen. Das Gelände hatte als Holzstapelplatz gedient, bevor die Hanseatische Baugesellschaft sich verpflichtete, für Infrastrukturen samt Schmuckbrunnen zu sorgen. Nur ein Teil der umstehenden Gebäude hat den Krieg überstanden.

Gewerbeschule vor dem Steintor

Die 1877 eröffnete Schule (heute Museum für Kunst und Gewerbe) sollte ein Gegengewicht zur rapide ansteigenden Massenproduktion schaffen. 1903 bis 1906 mussten die Wallanlagen den Gleisen des Hauptbahnhofs weichen, was die Wirkung des stattlichen Bauwerks beeinträchtigte.

Berliner Bahnhof

Hamburgs ältester Bahnhof (1842) verlor 1906 seine Funktion an den Hauptbahnhof. In den neu errichteten Deichtorhallen (heute Ausstellungsräume) wurden in der Folge die Hamburger Märkte zusammengelegt. Mit dem Fesselballon auf dem Vorplatz kann man Hamburg seit 2005 aus luftiger Höhe erkunden.

Das liest
ganz Hamburg

Barkhof

Das Kontorhaus von 1909/10 an der Ecke Mönkeberg- und Spitalerstraße heißt genau wie die kleine Fußgängerzone »Barkhof«. Die »Seeburg« (rechts im Bild) löste 1908/09 als Kontorhaus die schmalen Häuser und Gassen des Gängeviertels ab, die nach der Choleraepidemie 1892 abgerissen worden waren.

Pferdemarkt

Am Pferdemarkt 28, heute Mönckebergstraße 13, stand einst das älteste noch erhaltene Haus Hamburgs aus dem Jahr 1522. Es hatte trotz mancher baulicher Veränderungen in Teilen seines Gebälks Reste gotischer Holzschnitzereien bewahrt. Das Haus wurde beim Durchbruch der Mönckebergstraße um die Jahrhundertwende abgebrochen.

adidas
adidas
FOSSIL

Mönckebergstraße

Ab 1909 verband die neue, 30 Meter breite Durchgangsstraße Hauptbahnhof und Rathaus. Anstelle des abgerissenen Gängeviertels sorgten prachtvolle Kontor- und Warenhäuser für die Umwandlung vormaliger Wohngebiete in Geschäftsstraßen an einer der nunmehr wichtigsten Verkehrsadern der Innenstadt.

Versmann-Haus

Das Versmann-Haus wurde 1910 bis 1912 als Kontorhaus im Neorenaissance-Stil erbaut. Maße und Gliederung der Sandsteinfassade, einst mit Giebeln und Dachgauben bekrönt, nehmen Bezug auf das Rathaus. Nach dem Krieg setzte man die oberen Stockwerke ohne Beachtung der ursprünglichen Gestalt wieder instand.

HIRMER
HIRMER
HIRMER
GROSSE GRÖSSEN
HIRMER
GROSSE GRÖSSEN
LOGWIN

Börse

1841 zog die 1558 gegründete Hamburger Börse in das heutige Gebäude um. In Anpassung an das ab 1897 angrenzende Rathaus erhielt die Börse 1892 bis 1894 eine Sandsteinfassade im Renaissancestil. Das im Zweiten Weltkrieg schwer beschädigte Gebäude wurde vereinfacht und modernisiert erneuert.

Trostbrücke

An der Trostbrücke, der ältesten Verbindung zwischen der Altstadt um St. Petri und der Neustadt um St. Nicolai, lag bis zum großen Brand 1842 das politische und wirtschaftliche Zentrum Hamburgs. Auf den Geländerpfeilern stehen sich die Gründer von Altstadt und Neustadt gegenüber, Erzbischof Ansgar und Graf Adolf III. von Schauenburg (hier im Bild). Hinten der Turm der Katharinenkirche.

Rödingsmarkt

Hinter dem Hochbahnviadukt der Station Rödingsmarkt (1912) dominiert der Bau der Oberfinanzdirektion (1910). Backsteinbauweise und Fassade orientieren sich an alt-hamburgischen Bürgerhäusern, nur die Eingangshalle ist eher wilhelminisch-pompös und somit »unhamburgisch« geraten.

Back Shop

Kaiser-Wilhelm-Straße

Die Kaiser-Wilhelm-Straße wurde 1890 als Durchgangsstraße durch das Gängeviertel der nördlichen Neustadt angelegt. Straßenverbreiterungen waren eine Konsequenz der Brandkatastrophe von 1843, denn in der Altstadt waren viele Straßen zu eng gewesen, um die Feuerspritzen passieren zu lassen.

Deloitte.
ARNOLD HERTZ

Blick von der Petri-Kirche

Der Blick Richtung Südwesten zeigt die städtebaulichen Veränderungen der letzten 100 Jahre. Der Turm der St. Michaeliskirche, kurz »Michel«, prägt seit 1786 die Silhouette Hamburgs. Das Rathaus mit seiner reich verzierten Fassade und dem grünen Kupferdach hat den Zweiten Weltkrieg überstanden.

Rathausmarkt

Vom Rathaus aus blickte man ab 1903 am Kaiser-Wilhelm-Denkmal vorbei auf die Petrikirche (vorne) und die Jacobikirche. 1929 wurde das Reiterstandbild zum Sievekingplatz verbracht. Rund 50 Jahre lang blieb der Rathausmarkt eine asphaltierte Verkehrsfläche, sein heutiges Gesicht erhielt er 1982.

Rund um Binnen- und Außenalster

Hamburg ist wie fast jede Großstadt über die Jahrhunderte aus Dörfern zusammengewachsen. Als »Herz« der Stadt lässt sich jedoch der Jungfernstieg bezeichnen, wo Shoppen, Bummeln und Schlemmen angesagt sind. Um auch das Hamburg der prachtvollen Villen und Luxushotels rund um Binnen- und Außenalster zu erkunden, bieten sich erholsame Schiffsrundfahrten an.

Alsterarkaden

Der venezianisch anmutende Bogengang der Alsterarkaden wurde 1844 bis 1846 als Teil des verlagerten Stadtzentrums erbaut. Einige Häuser (Nr. 9–13) haben noch ihre alten historischen Putzfassaden bewahrt. Damals wie heute erfüllen die Arkaden ihren ursprünglichen Zweck als Einkaufspassage und Flaniermeile.

Rathaus

Durch die Arkaden bietet sich dem Betrachter ein Blick auf das Rathaus, das sechste in der Geschichte der Stadt. An seiner Planung waren neun Architekten beteiligt. Der in strenger Symmetrie errichtete Bau mit dem mittig angeordneten Turm sticht aus dieser Perspektive in seiner Monumentalität besonders hervor.

Bergstraße und Petrikirche

Die Bergstraße hat ihren Namen von dem ältesten Platz Hamburgs, dem »Berg«, der zwischen Großer Johannisstraße und Speersort lag. Nach dem Brand 1842 ließen ihn die Stadtplaner verschwinden. Vorne links im Bild stand einst das Hotel Belvedere. Die Hauptkirche St. Petri ist die älteste Pfarrkirche der Stadt, der Neubau auf altem Grundriss stammt von 1844–49.

EUROPA PASSAGE
Haspa

Reesendamm-brücke

Früher verkehrten Pferdedroschken und Straßenbahnen auf der Reesendammbrücke. Sie befindet sich ungefähr dort, wo ein Müller namens Reese im 13. Jahrhundert mit einem Damm die Alster aufstaute, um mehr Wasserkraft für seine Mühle zu erhalten. Rechts die Alsterarkaden, hinten der Michel.

Jungfernstieg

Aus dem 1665 verbreiterten und befestigten Reesendamm wurde der Jungfernstieg. Auf dieser Promenade präsentierten die jungen Damen ihre neueste Garderobe. Das bombastische Sandsteingebäude ist der Hamburger Hof, eine ehemalige Luxusherberge im Stil der deutschen Renaissance.

Stadtrundfahrt

Alsterhaus

Der noble Einkaufstempel am Jungfernstieg wurde 1912 erbaut. Den vermeintlichen Traditionsnamen »Alsterhaus« erhielt das Warenhaus erst 1935, um die Erinnerung an den jüdischen Eigentümer Oscar Tietz zu tilgen. 2003 wurde die Schaufensterzone in der ursprünglichen Form erneuert.

ALSTERHAUS
ALSTERHAUS
ALSTERHAUS

Alsterpavillon

1799 eröffnete der erste »Alsterpavillon«. Nachdem das hölzerne Kaffeehaus dem Besucheransturm nicht mehr gewachsen war, wurde 1835 an gleicher Stelle der Nachfolger errichtet. Das dritte Kaffeehaus (1874) musste 1900 dem hier abgebildeten vierten Alsterpavillon weichen.

Alsterpavillon

1914 wurde das fünfte Gebäude mit dieser Bezeichnung erbaut. 1943 zerstörte ein Luftangriff den Pavillon. 1950 stand der Nachfolger, dem 1952/53 der heutige und somit siebte Pavillon folgte. Kein anderes Gebäude der Stadt wurde so häufig dem wandelnden Zeitgeist angepasst.

Alsterdamm

Der Alsterdamm mit seinen stattlichen Kontorhäusern, 1842 am östlichen Ufer der Binnenalster angelegt, heißt seit 1947 Ballindamm. Der Name geht auf den einstigen Generaldirektor der Hamburg-Amerika-Linie, Albert Ballin (1857–1918), zurück, der die HAPAG zur größten Reederei der Welt machte.

LOYD

Lombardsbrücke

Die Lombardsbrücke entstand 1615 bis 1626 im Rahmen der Neubefestigung Hamburgs. In der hier abgebildeten Form wurde sie 1866 Teil der neuen Verbindungsstrecke zwischen »Berliner Bahnhof« und Altona. Den Namen gab ihr das am Westende der Brücke gelegene städtische Leihhaus, italienisch »Lombard«.

Top-Tour-Hamburg

Neuer Jungfernstieg

Von der Lombardbrücke aus geht der Blick (über die heute nicht mehr vorhandene Schiffsanlegestelle) zum 1825 bis 1827 angelegten Neuen Jungfernstieg, eine der repräsentativsten Straßen an der Binnenalster. Hier befindet sich auch das bekannte Luxushotel »Vier Jahreszeiten«.

Lessing-Denkmal am Gänsemarkt

Das Lessing-Denkmal am Gänsemarkt, 1881 errichtet, wechselte seine Blickrichtung in den 1980er-Jahren bei einer Umgestaltung des Platzes. Am Gänsemarkt stand bis 1827 das Nationaltheater, an welchem Lessing zwischen 1767 und 1770 als Dramaturg wirkte und die »Hamburgische Dramaturgie« verfasste.

REPLAY

Hotel Atlantik

Der neoklassizistische Bau des Hotels Atlantik, 1907 bis 1909 bereits mit dem Leuchtglobus auf der Gebäudeecke errichtet, stellt eines der letzten erhaltenen Beispiele für ein Grandhotel des Kaiserreiches dar, das zudem bis heute auch noch seinen ursprünglichen Zweck erfüllt.

ATLANTIC
ATLANT

Kuhmühlenteich

Die Schiffsanlegestelle am Kuhmühlenteich, einem Ausläufer der Alster, existiert zwar nicht mehr, aber von der Brücke, die seit 1912 dort steht, lässt sich im Vorbeifahren noch der schöne Ausblick auf die St. Gertrud-Kirche sowie auf Wassersportler erhaschen.

Kriegerdenkmal

Nach dem deutsch-französichen Krieg 1870/71 entwarf Johannes Schilling ein Kriegerdenkmal für die Gefallenen. Es zeigt die tröstende Siegesgöttin Viktoria, drei Soldaten und ein mit ihnen sterbendes Pferd. Das Denkmal wurde 1926 von der Esplanade an die Fontenay am Alsterufer versetzt.

CONTINENTAL
PARIS
LOIGNY

Uhlenhorster Fährhaus

Das Uhlenhorster Fährhaus (1873) war ein berühmtes Gartenlokal mit Konzertpavillon, in dem rauschende Festlichkeiten stattfanden. Die Kriegsruine wurde 1952 gesprengt. 1973 veränderten die Mundsburger Hochhaustürme die Stadtsilhouette, daneben sind Details der Imam-Ali-Moschee (1969) erkennbar.

Lombardsbrücke mit Turmparade

Blick von der Außenalster über die Lombardsbrücke, im Hintergrund die Hamburger Turmparade: Mittig die Jakobikirche, rechts davon die Petrikirche, dann die Katharinenkirche, das Rathaus und die Nikolaikirche. 1952 wurde die Kennedy-Brücke erbaut, die nun die Sicht auf die Lombardsbrücke verdeckt.

Rund um Planten un Blomen

Der Alte Botanische Garten mitten in der Stadt Hamburg gehört zu »Planten un Blomen«. Der plattdeutsche Begriff für Pflanzen und Blumen geht auf die »Niederdeutsche Gartenschau« zurück, die hier 1934/35 stattfand. Um den Park sammeln sich repräsentative Bauten, darunter zum Beispiel das Vorlesungsgebäude oder das Oberlandesgericht, das Zivil- und das Strafjustizgebäude.

Hagenbecks Tierpark

1907 eröffnete Carl Hagenbeck junior in Hamburg-Stellingen den weltweit ersten Zoo mit gitterlosen Gehegen. Das berühmte einstige Hauptportal des Tierparks ist mit Menschen- und Tierbronzen im Zeichen des Jugendstils geschmückt.

Sievekingplatz

Der Sievekingplatz war bis 1912 Teil des Holstenplatzes, einer repräsentativen Platzanlage. Links das Ziviljustizgebäude (1903), rechts das Strafjustizgebäude (1882), in der Mitte das Oberlandesgericht (1912). Ganz links im Bild das ursprünglich am Rathausmarkt aufgestellte Reiterstandbild Kaiser Wilhelms I.

Erster Dammtor-bahnhof

Der erste Dammtorbahnhof entstand 1866 im Zuge des Bahnanschlusses an Altona. Bald nach der Eröffnung des Neuen Dammtorbahnhofes 1903 wurde der erste Bahnhof abgebrochen. Die alte Ansicht zeigt die Ankunftsseite vom Stephansplatz her, heute ein Cinemaxx-Komplex mit Schiller-Denkmal davor.

Botanischer Garten

1900 wurde der Haupteingang des Botanischen Gartens vom Dammtor an den Stephansplatz verlegt. Der rondellartige Aussichtspunkt (im Bild) bietet einen weiten Blick über den einstigen Wallgraben. Im Hintergrund der 271,5 Meter hohe Fernsehturm.

Neuer Dammtor-bahnhof

Die Bahnlinien, die Hamburg seit 1842 mit dem Umland verbanden, hatten jeweils eigene Bahnhöfe. Bei der Zusammenführung der Bahnstrecken beim Bau des Hauptbahnhofes (1900–1906) bekam die Strecke nach Altona 1903 den neuen Dammtorbahnhof.

Vorlesungsgebäude Universität

Das Vorlesungsgebäude ist ursprünglich eine Stiftung des Kaufmanns Edmund A. Siemers für das »Allgemeine Vorlesungswesen«, das sich an die breite Bevölkerung richtete. Es wurde erst 1919 von der neu gegründeten Universität übernommen.

Telefonzentrale Schlüterstraße

Das 1902 bis 1907 erbaute ehemalige Zentralfernsprechamt an der Schlüterstraße soll seinerzeit die größte Vermittlungsstelle der Welt gewesen sein. 1943 wurden Teile des Gebäudes zerstört, ein vereinfachter Wiederaufbau fand 1947 bis 1951 statt.

Hauptsynagoge

Der 1906 eingeweihte Bau war das größte jüdische Gotteshaus der Stadt. Zum Gedenken an die vertriebenen und ermordeten Hamburger Juden wurde an der Stelle der 1939 zerstörten Hauptsynagoge der Joseph-Carlebach-Platz eingeweiht. Eine »steinerne Projektion« zeigt das Deckengewölbe der Synagoge.

Rund um die Speicherstadt

Da die Stadt Hamburg ihre wirtschaftliche Stellung vor allem der Zollfreiheit verdankte, durfte sie nach dem Anschluss an den Deutschen Zollverein (1888) weiter einen Freihafenbereich behalten. So entstand die Speicherstadt zur Zwischenlagerung der Waren. In den heute denkmalgeschützten Lagerhauskomplex sind nunmehr Museen und Medienunternehmer eingezogen.

Bei den Pumpen

Die Straße, die früher »Bei den Pumpen« hieß, verdankt ihren Namen drei Wasserpumpen, die sich im Süden der Straße befanden. Als Hamburgs Töchter noch selbst Wasser schöpften, soll es hier zu so manchem Rendezvous gekommen sein. Früher dominierte Fachwerkbebauung das heutige Kontorhausviertel.

Dovenfleet

Die Straße am Dovenfleet (1890) war früher dicht bebaut mit windschiefen Speichern. Inzwischen ist sie Teil der Hauptverkehrsstraße am Hafenrand mit wenigen, modernen Bürogebäuden. Das Dovenfleet verschlammte nach dem Bau der neuen Festungswerke im 17. Jahrhundert und wurde 1878 zugeschüttet.

manager
SPIEGEL TV

Holländischer Brook

Für die geplante Speicherstadt des Freihafens wurden die Häuser der Brook- und Wandrahmsinsel niedergerissen, darunter viele stattliche Kaufmannshäuser mit Barock- und Rokokofassaden. Am Holländischen Brook hatten sich seit dem 16. Jahrhundert holländische Glaubensflüchtlinge niedergelassen.

Holländischer Brook

Sandtorhafen

Der Sandtorkai entstand 1866 zusammen mit dem ersten modernen Hafenbecken Hamburgs, dem Sandtorhafen. Die Ansicht zeigt noch die Bebauung um 1880, bevor der Bau des Freihafens den Abriss ganzer Straßenzüge erforderte. Seit 2001 entsteht hier die »Hafencity« mit neuem Traditionshafen.

Kannengießerort mit Katharinenkirche

Hier sieht man noch die Bebauung vor der radikalen Umgestaltung im Rahmen der Speicherstadtentwicklung. Von 1885 bis 1888 entstand das erste Speicherareal auf der Kehrwiederinsel jenseits des Zollkanals zwischen Kehrwiederspitze und Kannengießerort. Mit dem Privileg eines Freihafenbereichs (1888) nach dem Zollanschluss an das Deutsche Reich wurden neue Fleete erbaut, andere zugeschüttet. Hinten der Turm der Katharinenkirche.

Hohe Brücke

Die Hohe Brücke wurde im 13. Jahrhundert als Verbindung von der Neustadt zur Cremon-Insel gebaut. Sie war besonders hoch, damit auch größere Schiffe in den Hafen im Alsterlauf fahren konnten. 1886 entstand der jetzige Brückenbogen. Seit 1969 ist die Konstruktion mit einem Sperrwerk verbunden.

DMANN RASSMANN

Nicolaifleet

In diesem Unterlauf der Alster begann 1188 die Entwicklung des jetzigen Hamburger Hafens. Hier liegt der letzte mit Bebauung erhaltene Fleetabschnitt. Die schmalen hohen Fleetfronten der Häuser an der Deichstraße stehen denen von vier Speichern am Cremon schräg gegenüber.

Cremon

Die Straße Cremon verläuft auf dem Westdeich der ehemaligen Cremon-Insel am Nicolaifleet. Von der fleetseitigen Bebauung (hier um 1909) ist noch ein Ensemble von Speicherhäusern des 18. und 19. Jahrhunderts erhalten (Nr. 33–36), Zeugen althamburgischer Wirtschafts- und Bauweise.

H 85

Brooksbrücke

1887 entstand in Verbindung mit der Speicherstadt die heutige Brücke von der Stadt zur Grasbrookinsel. Im Süden bildeten Torbauten den Eingang zur Speicherstadt, im Norden standen die Figuren der Germania und Hammonia für nationale Verbundenheit und Autonomie Hamburgs.

Freihafen mit Wilhelminenbrücke

1888 wurde die Speicherstadt als damals größtes zusammenhängendes Lagerhausareal der Welt eingeweiht. Architektonisch gestaltete man die Gebäude im Stil der Backsteingotik. Sie wurden nach beträchtlichen Zerstörungen im Zweiten Weltkrieg größenteils in vereinfachter Form rekonstruiert.

Niederhafen bei Vorsetzen

Vorsetzen müssten eigentlich alle Kaistraßen heißen. Der Name besagt nichts anderes als dass ein hölzernes Bollwerk vor die Böschung gesetzt wird. In Hamburgs Sporthafen hat das 1952 entstandene Rote Feuerschiff angedockt, inzwischen ein Restaurant mit Übernachtungsmöglichkeit.

Hafen Zollkanal

Links im Bild der Kirchturm der im Krieg ausgebrannten Nikolaikirche. Hinter dem »Neuen Krahn« an der Kaimauer ragt der Turm der Katharinenkirche auf, rechts überspannt die Brooksbrücke den Zollkanal. Dieser stellte in seiner Entstehungszeit die Grenzlinie zwischen Innenstadt und Freihafen dar.

Stella-Haus

Das Stella-Haus wurde 1874/75 erbaut und 1922/23 um fünf Geschosse aufgestockt. Diese ruhen auf einer Eisenkonstruktion mit eigenen Fundamenten. Eine wegweisende Neuerung waren die Staffelgeschosse. Der zackige expressionistische Dekor der Putzfassaden wurde offensichtlich durch den Namen des Gebäudes inspiriert, »Stella«, zu deutsch »Stern«.

STELLA-HAUS

Mit Hamburg verbindet man stets den Hafen als »Tor zur Welt«. Bereits im 9. Jahrhundert gab es einen ersten Hafen an der Einmündung der Alster in die Elbe. Seite 1977 begeht Deutschlands größter Seehafen jedes Jahr am 7. Mai seinen Geburtstag. An diesem Tag im Jahr 1189 gewährte Kaiser Barbarossa der kleinen Stadt – laut Überlieferung – wichtige Privilegien.

Admiralitäts-straßenfleet

Mit Backsteinfassaden, Giebeln und angedeuteten Lukenachsen am Fleet zitieren die neu erbauten Bürohäuser der 1980er-Jahre Motive der historischen Speicher alter Zeiten. Ganz hinten im Bild die Front des Steigenberger-Hotels.

Baumwall

Baum heißt hier so viel wie Schlagbaum. Es bezieht sich auf den schwimmenden Schlagbaum, mit dem der Hafen früher des Nachts verschlossen wurde. Links im Bild ist das 1908/09 errichtete Slomanhaus, einst Sitz der gleichnamigen Reederei, zu erkennen (hier um 1912).

Fleet beim Stubbenhuk

Diese Verkehrsader wurde vermutlich nach einem Grundeigentümer namens Stubbe benannt, der im 17. Jahrhundert hier eine Wirtschaft besaß. Fleete dienten sowohl als Verkehrswege als auch der Wasserversorgung. Heute sind nur noch sechs Fleete in der Innenstadt zu finden.

Hafenpanorama

Die vielen Facetten der Stadtkulisse vom Wasser aus: neben der Bismarck-Statue (1906) der Uhrenturm der Elbtunnel-Anlage (1910), dann die Jugendherberge am Stintfang, die 1954 den Platz der Seewarte einnahm. Rechts im Bild der Michel hinter der schwedischen Seemannskirche (1907).

Hochbahn über dem Hafen

Auch heute noch verläuft die Ringlinie der U-Bahn stellenweise oberirdisch. Der Viadukt zwischen dem Rödingsmarkt und den St. Pauli-Landungsbrücken stellt schon allein wegen des Panoramablicks über den Hafen einen der bemerkenswertesten Abschnitte der Hochbahnringlinie dar.

Hafen mit Kehrwiederspitze

»Kehrwieder« ist nicht etwa ein Abschiedsgruß an auslaufende Schiffe, vielmehr besagt der Name nichts anderes als Sackgasse. Am Westende der heutigen Speicherstadt musste man seinerzeit (vor dem Bau der Niederbaumbrücke) eben wieder umkehren.

RUNDFAHRT
RIVER·STA
Große Hafenrundfahrt
HAFEN HAMBURG

Landungsbrücken mit Elbtunnel

Links im Bild ragt der Uhren- und Pegelturm neben dem überkuppelten Eingang des Alten Elbtunnels auf. Ganz vorn das Grün von Hamburgs Weinberg am Stintfang, der jährlich etwa 50 Flaschen Hafenwein hervorbringt, welche hochrangigen Gästen der Stadt geschenkt werden.

KASSE

Landungsbrücken mit Elbtunnel

Die sechs Durchgangshallen der Landungsbrücken bilden das symbolische Eingangstor zum Hafen und fungieren seit ihrer Fertigstellung mit dem Elbtunnel zwischen 1906 bis 1911 als eine Art schwimmender Schiffsbahnhof.

Fährhaus mit Hafen

Panoramablick über den Hafen: Wo früher der Mastenwald der Segelschiffe wogte, ankern heute Museumsschiffe: grün-rot das »Rickmer Rickmers«, weiß-rot die »Cap San Diego«. Wo links in alten Zeiten die beliebte Gaststätte St. Pauli-Fährhaus stand, ist heute eine Freifläche.

Hochbahnbrücke

Das ehemalige Seemannshaus wurde 1858 bis 1863 auf Betreiben einiger Reeder als Logierhaus mit Krankenstation errichtet. Beim Umbau zum Hotel wurde 1999/2000 der postmoderne Klinkerturm ergänzt, der sich hinter der Elbtunneleinfahrt der Hochbahn erhebt.

HOTEL HAFEN HAMBURG

Seewarte

Die im Krieg zerstörte Seewarte (1881 eingeweiht) wurde nicht wieder aufgebaut, stattdessen steht an dieser Stelle seit 1954 die bekannte Jugendherberge am Stintfang. 1974 folgte die Aussichtsplattform, wegen des schönen Hafenblicks auch »Hafen-Balkon« genannt.

DJH

Kersten-Miles-Brücke

Als eine neue Hauptverbindung der Innenstadt mit der Vorstadt St. Pauli entstand 1896 bis 1897 diese Brücke über den ehemaligen Wallgraben des Festungsringes. Die hafennahe Brücke wurde von den Bauherren mit Statuen von Hamburger Seehelden geschmückt, um so Hamburgs Geschichte zu bewahren.

Kersten-Miles-Brücke

Die vier Brückenköpfe sind heutzutage leider nicht mehr mit Brückenhäuschen versehen. Dafür trutzt die fast 15 Meter hohe Bismarckfigur seit 1906 allen Ereignissen. Geradeaus das Riesenrad des »Dom«-Volksfestes, rechts daneben der Bunker vom Heiligengeistfeld.

Rund um den Michel

Die St. Michaeliskirche, dem Erzengel Michael geweiht, ist die »jüngste« der fünf Hamburger Hauptkirchen und prägt mit dem 132 Meter hohen Kirchturm seit 1786 die Silhouette Hamburgs. Vom Turm mit der markanten Kupferhaube, als Wahrzeichen der Stadt kurz »Michel« genannt, kann man eine besondere Aussicht auf Stadt und Hafen genießen.

Großneumarkt

Auf dem Großneumarkt (erste Erwähnung 1620) wird immer noch regelmäßig ein kleiner Markt abgehalten. Auffällig ist heutzutage das Giebelhaus rechts zwischen den Neubauten, die bereits 1696 gegründete Pelikan-Apotheke, ein Bau von 1913. Im Hintergrund der Michel.

Deutscher Ring

Großneumarkt

Blick Richtung Stadt: Schon früher säumten stattliche giebelständige Häuser den Platz: Fachwerkhäuser, Ziegelbauten, Werksteinfassaden. Zeitweise nutzte die Hamburger Garnison den Markt als Exerzierplatz. Hier lag auch die Hauptwache, Station der Nachtwächter und später der Polizei.

Ecke Breiter und Rademachergang

Seit Anfang des 17. Jahrhunderts war in der Neustadt eine dichtere Fachwerksbebauung als Wohngebiet entstanden. Dieses Gängeviertel wurde nach der Cholera-Epidemie 1892 schrittweise saniert und als letztes der vier Sanierungsgebiete abgebrochen. Die Wohnsiedlung entstand 1933 bis 1937.

Geburtshaus Felix Mendelssohn Bartholdy

In dem im Zweiten Weltkrieg zerstörten Haus wurden 1805 und 1809 die beiden musikalisch hochbegabten Kinder des Bankiers Abraham Mendelssohn geboren: Felix (1809–1847), einer der wichtigsten deutschen Komponisten der Romantik und Fanny (1805–1847), eine der bedeutendsten Komponistinnen des 19. Jahrhunderts.

Ellerntorbrücke

Die um 1669 über dem Herrengrabenfleet entstandene und teilweise rekonstruierte Ellerntorbrücke ist eine der ältesten Hamburger Brücken. Über Jahrhunderte war sie Teil der zentralen Ost-West-Verbindung durch die Innenstadt. Heute endet sie abrupt an der Automatiktür des Fleethofes.

Fleet beim Küterwall

Diese Fleetpartie wurde nach den »Kütern« (Schlachtern), die hier seit 1609 eine Schlachterei betrieben, auch Küterfleet genannt. Inzwischen liegen das Nobelhotel Steigenberger (links) und die Oberfinanzdirektion (1910, rechts) am Wasser, das heute Alsterfleet genannt wird.

Schaarmarkt und Hohler Weg

Am Schaarmarkt drängen sich um die Jahrhundertwende bereits die ersten Mietskasernen in die Front der kleineren Giebelhäuser. »Schaar« bedeutet »hohes Ufer«. Der in Elbnähe gelegene Schaarmarkt war also einst der Ufermarkt. Im Hintergrund der Michel.

Hof Kramer Amtsstuben

Die Kramer-Amtswohnungen sind eines der letzten Relikte der Gängeviertel. So wie in diesem Fall lagen die Gänge teilweise im Blockinneren und waren somit nur über Durchlässe in den Vorderhäusern zugänglich. Heute befinden sich hier unter anderem Cafés und Antiquariate.

HOLSTEN

Konzerthaus und Volksoper

Das Operettenhaus am Spielbudenplatz, am Eingang zur Reeperbahn gelegen, war 1887 als Konzerthaus errichtet und 1910 zum Operettentheater umgebaut worden. Bekannte Darsteller begeisterten das Publikum, bis das Gebäude den Bombenangriffen des Zweiten Weltkrieges zum Opfer fiel.

MAREDO
Sixt
Sixt

Spielbudenplatz

Seit 1795 standen an dem Platz vor der Reeperbahn hölzerne Spielbuden, in denen Seiltänzer, Kunstreiter und Gaukler ihre Triumphe feierten. Die Buden sind steinernen Gebäuden gewichen, in denen sich Theater, Kneipen und Läden etabliert haben.

TUI Operettenhaus

Rund um Altona und die Elbvororte

Altona, 1536 erstmalig urkundlich erwähnt, gelangte nach dem Aussterben der Schaumburger Grafen 1640 an das Dänische Königshaus, wozu es bis zum Deutsch-Dänischen Krieg 1864 gehörte. 1937 wurde Altona an Groß-Hamburg angeschlossen, ebenso wie die Elbvororte mit ihren eleganten Landhäusern.

Altes Rathaus und Königstraße

Der Rathausmarkt mit dem alten Rathaus (1720, hier um 1925) wurde im Krieg 1943 zerstört. Der zweigeschossige Putzbau war mit einem großen Mansarddach versehen. Auf der Giebelrundung stand eine Allegorie der Justitia. Der Säulenvorbau stammte aus dem Jahr 1802.

made in Germany

Königstraße und Stadttheater

Seit der Eröffnung 1876 bis zu seiner Zerstörung während des Zweiten Weltkrieges schrieb das Altonaer Stadttheater (hier um 1915) ein gutes Stück deutscher Theatergeschichte mit. Der Ruhm dieser Bühne drang einst weit über die Landesgrenzen hinaus.

OHLHABER Telekommunikation
OHLHABER
TOYOTA

Konzerthaus Flora

1888 öffnete die Spielstätte am Schulterblatt 71, zunächst unter dem Namen »Concerthaus Flora«. Hier wurden Konzerte, Operetten und später auch Varieté-Vorstellungen aufgeführt. Nach dem Zweiten Weltkrieg zog hier zunächst ein Discountmarkt ein, seit 1989 wird das Gebäude besetzt.

Für den sozialen Aufstand
FREIHEIT FÜR ALLE!
DEMO
LOTHAR
HAUS 73
mit Parkschein
Mo-Fr 8-18 h
Sa 8-12 h

Kreuzkirche in Ottensen

Auf einer Insel in der Mitte der Hohenzollernallee steht der neogotische Backsteinbau der Kreuzkirche, 1897/98 erbaut. Der Grundriss hat die Form eines griechischen Kreuzes. Ottensen, ein typisches Arbeiterquartier des 19. Jahrhunderts mit einem hohen Anteil an Industriebauten – heute Büros, Ateliers und Ladenflächen –, war 1889 von Altona eingemeindet worden.

Museumsstraße

Seit der Eröffnung des »Altonaer Museums für Landschaft, Volkstum und Seefischerei« 1901 hat das Haus eine wechselvolle Geschichte erlebt und bangt immer wieder um seine Existenz. Der Krieg ist nicht spurlos vorübergegangen, was sich leicht am Anbau des neuen Gebäudeteils ablesen lässt.

Rathaus mit Denkmal

Der 1844 noch unter dänischer Herrschaft in Betrieb genommene Kopf-Bahnhof der Linie Kiel-Altona wurde 1898 zum »Neuen Rathaus« (heute Sitz des Bezirksamtes). Im gleichen Jahr wurde in Gegenwart des Kaisers die feierliche Enthüllung des Denkmals seines Großvaters Wilhelm I. vorgenommen.

Rainville

Die Rainvilleterasse erinnert an alte Zeiten: An der Stelle der ehemaligen Seefahrtsschule (links im Bild) existierte unter dem Namen »Rainvilles Garten« ein Areal mit Gartenrestaurant, das 1799 bis 1867 glanzvoller Mittelpunkt der feinen Gesellschaft war.

Fischmarkt

Der Fischmarkt, heute ein von Kneipen und Restaurants umgebener Platz für Fußgänger, wurde als Marktplatz für die Altonaer Fischer eingerichtet. Sonntagmorgens herrscht hier bis heute ein reges Treiben. Von der Vorkriegsbebauung sind nur noch einige wenige Wohnhäuser erhalten.

Große Elbstraße

Blankenese

Steile Treppen, die zwischen terrassierten Gärten hindurchführen, und die bunt zusammengewürfelte Bebauung verleihen dem Viertel am Blankeneser Elbhang einen pittoresken Reiz. Auf der Spitze des knapp 75 Meter hohen Süllbergs eröffnete bereits 1837 ein Milchausschank.

Register

Bildnachweis

Alle neuen Fotos: Asisa Madian.
Alte Ansichten: Sammlung Asisa Madian: S. 6, S. 8, S. 10, S. 12, S. 14, S. 16, S. 18, S. 20, S. 22, S. 24, S. 26, S. 28, S. 32, S. 34, S. 36, S. 38, S. 40, S. 42, S. 44, S. 46, S. 48, S. 50, S. 52, S. 54, S. 56, S. 58, S. 60, S. 62, S. 64, S. 66, S. 68, S. 70, S. 72, S. 74, S. 76, S. 78, S. 80, S. 82, S. 84, S. 86, S. 92, S. 100, S. 102, S. 104, S. 106, S. 110, S. 114, S. 116, S. 118, S. 120, S. 124, S. 126, S. 128, S. 130, S. 132, S. 134, S. 136, S. 138, S. 140, S. 142, S. 144, S. 146, S. 148, S. 150, S. 152, S. 154, S. 156, S. 158, S. 160, S. 162, S. 164, S. 166, S. 168, S. 170, S. 172, S. 174, S. 176, S. 178, S. 180, S. 182, S. 184, S. 186; Library of Congress: S. 90, 94, S. 96, S. 98, S. 108, S. 112; PD: Umschlag, S. 30, S.88

Impressum

Programmleitung: Dagmar Becker-Göthel
Produktmanagement: Cornelia Schmidt
Graphische Gestaltung: Medienfabrik GmbH, Stuttgart
Umschlaggestaltung: Studio Schübel Werbeagentur GmbH, München
Herstellung: Bettina Schippel
Litho: Cromika s.a.s., Verona
Gesamtherstellung: GeraNova Bruckmann Verlagshaus GmbH

Alle Angaben dieses Bandes wurden vom Autor sorgfältig recherchiert und vom Verlag auf Stimmigkeit und Aktualität geprüft. Allerdings kann keine Haftung für die Richtigkeit der Informationen übernommen werden. Für Hinweise und Anregungen sind wir dankbar. Zuschriften bitte an:

Bucher Verlag
Produktmanagement
Postfach 400209
80702 München
E-Mail: lektorat@bruckmann.de

Bibliografische Informationen der Deutschen Nationalbibliothek
Die Deutsche Nationalbibliothek verzeichnet diese Publikation in der Deutschen Nationalbibliographie; detaillierte bibliographische Daten sind im Internet über http: //dnb.d-nb.de abrufbar.

ISBN 978-3-7658-1812-7

Weitere Titel dieser Reihe
Unser Berlin
BUCHER
Eine kleine Zeitreise
ISBN 978-3-7658-1813-4
Unser Köln
BUCHER
Eine kleine Zeitreise
ISBN 978-3-7658-1814-1
Unser Frankfurt
BUCHER
Eine kleine Zeitreise
ISBN 978-3-7658-1815-8
Das komplette Programm finden Sie
unter www.bucher-verlag.de
BUCHER